Start up

세상에서 가장 쉬운 영상 편집

2시간 만에
유튜브
크리에이터 되기

허지영 지음

아티오
ArtStudio

허지영

결혼 전 꿈은 현모양처로 아이들을 잘 키우고 남편 내조를 잘하는 것이 세상의 전부라고 생각했던 평범한 주부가 유튜브 수업을 시작으로 자신의 꿈을 펼치면서 "허지영"이란 이름으로 활발한 활동을 이어가고 있다.

교육청, 연성대학교, 우송대학교, 가남초등학교 등 온오프라인에서 유튜브 관련 100회 이상 강의를 하면서 500명이 넘는 수강생을 배출하였으며 현재 유튜브 채널에서 "2시간만에 크리에이터 되기 12기"를 운영 중이다.

저자와 소통할 수 있는 채널

- 블로그 : https://blog.naver.com/woojunjjang
- 인스타그램 : https://instagram.com/salonde_jiyoung
- 유튜브 : https://www.youtube.com/channel/UCFDxTKJUzgYVusL1srVSYeg

세상에서 가장 쉬운 영상 편집

2시간 만에 유튜브 크리에이터 되기

2021년 2월 10일 초판 발행
2022년 9월 20일 2판 인쇄
2022년 9월 30일 2판 발행

펴낸이	김정철
펴낸곳	아티오
지은이	허지영
표 지	김지영
편 집	이효정
전 화	031-983-4092
팩 스	031-696-5780
등 록	2013년 2월 22일
정 가	9,000원
주 소	경기도 고양시 일산동구 호수로 336 (브라운스톤, 백석동)
홈페이지	http://www.atio.co.kr

* 아티오는 Art Studio의 줄임말로 혼을 깃들인 예술적인 감각으로 도서를 만들어 독자에게 최상의 지식을 전달해 드리고자 하는 마음을 담고 있습니다.

머리말

"세상에서 가장 쉬운 유튜브 책을 만들어보자!!"

과거 저는 영상 편집은 어려운 거라는, 배우려면 시간이 많이 필요할 거라는, 전문가의 영역이라는 막연한 편견을 가지고 있었습니다. 핸드폰에 저장되어 있던 아이들의 영상을 멋지게 편집도 해보고 싶었고, 유튜브에도 올리고 싶었지만, 영상 편집에 대한 막연한 두려움 때문에 시작조차 해보지 못한 시간들을 보냈습니다.

과거의 저처럼 막연한 두려움을 가진 분들에게 도움이 되고 싶었습니다. 키네마스터를 통한 영상 편집과 유튜브 업로드는 어려운 기술이 아닙니다. 방법만 알면 간단한 작업입니다. 마치 핸드폰을 사용하는 것처럼 어렵지 않습니다.

필자는 키네마스터를 이용해서 동영상 편집을 가장 쉽게 알려주는 강사입니다. 100회 이상의 키네마스터 강의를 진행하면서 초등학생, 고등학생, 주부, 회사원, 어르신들까지 만났습니다. 영상 편집은 어려운 기술이 아닙니다. 단 한명도 낙오하지 않았습니다. 모두가 영상을 편집하고, 유튜브에 업로드하는 것에 성공하였습니다.

이 책은 초보자를 위한, 영상 편집을 쉽게 배우려는 분들을 위한 것입니다. 영상 편집에 필수적인 내용만 다루고 있습니다. 대신 필수적인 내용을 자세하게, 빠진 부분 없이 기술하고자 하였습니다. 책을 펴고, 핸드폰을 들고 따라하다 보면, 영상 편집에 자신감이 생길 것입니다. 나는 책보다는 영상이 이해가 잘된다고 하시는 분들을 위해 유튜브 동영상 강좌도 같이 제공됩니다. 책과 영상을 비교하면서 활용하시면 됩니다.

여러분들이 좋아하는 유튜브 플랫폼을 올리는 것부터 시작해 보세요.
삶의 한 자락을 기록한 앨범으로 사용할 수도 있고, 혹은 콘텐츠가 여러분들을 유명하게 만들어 줄 수도, 수익을 안겨줄 수도 있습니다. 마지막으로 디지털 노마드의 세계로 이끌어주신 '자유의 지'님께 감사의 마음을 전합니다.

허지영

이 책의 특징

> 책에서 설명하는 내용 및 좀더 전문적인 영상 편집 강의에 대한 고급 스킬을 저자가 운영하는 유튜브 채널에서 배울 수 있습니다.

유튜브 QR코드로 바로보기

블로그 QR코드로 바로보기

STEP ● 3   Youtube

03 : 컷 편집하기
(동영상에서 필요 없는 부분 제거하기)

STEP

총 8개의 Step으로 나누어 영상 편집하는 법을 책에 나오는 대로 따라하기만 하면 기본적인 내용을 습득할 수 있도록 구성하였습니다.

영상에서 필요 없는 부분을 삭제하는 것을 '컷 편집'이라고 합니다. 키네마스터에서 '컷 편집'에는 3가지 방법이 있습니다.

- 영상의 좌측을 제거하는 방법
- 영상의 우측을 제거하는 방법
- 영상의 중간 부분을 제거하는 방법

화면 하단 [타임라인]의 중앙에 나타나는 빨간색 선을 주목하세요. 빨간색 선은 영상 편집의 기

❹ 자막의 크기를 영상에 맞게 확대, 축소합니다.

TIP

화면 내용을 좀 더 쉽게 배울 수 있도록 주석을 달아 놓았습니다.

❺ 자막의 위치를 변경하려면 자막을 누른 상태로 원하는 위치로 드래그 합니다.

여기서 잠깐!

[미디어 브라우저]에서 사진만 나열하거나 동영상만 나열할 수 있는 기능이 있습니다. 오른쪽의 [사진 영상] 목록 단추를 클릭하여 원하는 항목을 선택합니다.

❶ 사진과 동영상이 모두 보입니다.
❷ 사진만 보입니다.
❸ 동영상만 보입니다.

여기서 잠깐!

교재 설명 과정 중에 놓치기 쉽거나, 누구나 알거라 생각하지만, 알지 못하는 부분을 한번 더 짚어주었습니다.

Kinemaster 프리미엄과 무료의 차이점은 무엇일까요?

❶ 가장 큰 차이점은 동영상 작업 시 오른쪽에 나타나는 워터마크의 유무입니다. 무료 버전인 경우는 그림처럼 오른쪽에 키네마스터 워터마크가 보입니다.

POWER UPGRADE

하나 더 알아두면 좋은 기능 및 고급 기능을 담았습니다.

❷ 그러나 프리미엄(유료)으로 전환이 되면 오른쪽에 키네마스터 워터마크가 보이지 않습니다.

차 례

01 : 유튜브 시작하기

유튜브는 당신(You)과 브라운관(Tube, 텔레비전)이라는 단어의 합성어로 누구나 자유롭게 동영상을 올릴 수 있으며, 구독자는 회원 가입 없이 마음대로 동영상을 시청하고 다른 사람과 공유할 수 있습니다.

또한, 구독자 수와 영상 시청 시간이 일정 이상이 되면 동영상으로 수익을 창출하고, 유튜브 지원팀으로부터 도움을 받을 수 있는 혜택도 주어집니다.

유튜브 나도 할 수 있을까?
동영상 편집 어려운 거 아닐까?
그게 정말 쉽게 될까?

이렇게 생각하는 분들이 많으실 텐데요.
컴퓨터를 잘 다루지 못하는 사람도 스마트폰 하나만 있으면 어렵지 않습니다. 조금만 숙달되면 출퇴근하는 지하철에서도 영상을 하나 뚝딱 만들어 올리는 것이 가능합니다.

1. 영상 촬영 및 편집을 위한 준비물

스마트폰

유튜브 초보자에게는 스마트폰 하나면 촬영에 전혀 무리가 없습니다. 과거에는 스마트폰의 동영상 기능이 빈약했지만, 최근의 스마트폰은 영상 촬영 기능이 대폭 강화되어 웬만한 카메라에 뒤지지 않는 상태입니다. 심지어 스마트폰으로 영화와 광고까지 제작하기도 합니다.

스마트폰은 항상 가지고 다니는 기기이면서 가볍고 셀프 카메라와 내장 마이크 등이 기본으로 포함되어 있어서 추가적인 장비의 필요성을 많이 줄여줍니다. 게다가 사용법도 무척 쉬워서 유튜브 초보자들에게 딱 맞는 장비입니다.

마이크

목소리를 많이 녹음해야 하는 유튜브 영상에서는 음성이 잘 들리는 것이 중요합니다. 스마트폰 마이크로도 가능하긴 하지만 깔끔하고 선명한 목소리를 녹음하고 싶다면 외장 마이크를 준비하는 것이 좋습니다. 다양한 마이크가 시중에 나와 있지만 처음에는 1만 원대 정도의 마이크를 사보는 걸 추천합니다.

삼각대

짧은 영상인 경우 큰 무리가 없지만 보통 영상 촬영은 시간이 많이 걸리는 경우가 많아서 팔이 많이 아플 수 있습니다. 또한, 자신이 모두 보이는 셀프 영상인 경우 카메라를 고정시키고 촬영해야 하므로 삼각대는 매우 유용합니다.

전문가용 삼각대가 아닌 작고 가벼우면서도 저렴한 스마트폰용 삼각대 정도면 무난합니다. 단, 각도와 높이가 조절되는 제품을 추천합니다.

2. 키네마스터가 뭐예요?

키네마스터는 누구나 이용할 수 있는 강력한 동영상 편집 툴로서 안드로이드, 크롬 OS, 아이폰 및 아이패드에서 모두 이용할 수 있습니다. 멀티 동영상, 컬러 필터, 색상 조정, 블렌딩 모드를 비롯하여 컷 편집, 멀티트랙 오디오, 볼륨 상세 조정, 크로마키와 같은 다양한 고급 기능도 제공됩니다.

이 책은 유튜브 초보자 및 키네마스터를 처음 접한 초심자를 대상으로 만들어졌습니다.

• 키네마스터를 이용하면 스마트폰으로 영상을 찍은 다음 유튜브에 업로드하는 모든 과정을 원스톱으로 처리할 수 있습니다.

• 스마트폰으로 영상에 자막을 넣고, 음악과 효과음을 입히고, 필요한 영상을 자를 수 있습니다. 즉, 여러 영

상을 결합하는 작업, 영상에 예쁜 효과를 주고, 영상을 빠르게 하거나 느려지게 하는 등 다양한 편집이 모두 가능합니다.

- 초보자는 무료 버전만으로 손쉽게 사용할 수 있습니다(기능이 업그레이드 된 유료 버전도 있지만 처음부터 유료로 결재할 필요는 없으며, 어느 정도 숙달된 후에 판단해도 늦지 않습니다).
- 키네마스터에서 다운받은 음악은 마음대로 사용 가능합니다(내 스마트폰에 저장된 음악은 저작권을 피해 갈 수 없으므로 사용 시 유의해야 합니다).
- 스티커 화면 효과를 다운받으면 다양한 스티커 삽입이 가능합니다.
- 다양한 외국어 자막(영어, 중국어, 일본어, 독일어, 스페인어 등) 삽입이 가능합니다.

3. 키네마스터 다운받아 설치하기

이 책에서는 스마트폰으로 영상 편집을 처음 시작하는 사람을 위해 사용법이 쉽고 무료로 사용할 수 있는 키네마스터 앱으로 동영상을 편집할 계획입니다. 실제로 1인 미디어 유튜버들이 가장 많이 사용하는 스마트폰 영상 편집 프로그램입니다. 안드로이드 사용자 분들은 "플레이 스토어"를 통해 앱을 다운합니다.

안드로이드 폰에서 키네마스터 설치하기

키네마스터 앱을 설치하기 위해 먼저 play 스토어로 접속한 다음 상단에 있는 검색창에 '키네마스터' 또는 영어로 "Kinemaster"라고 검색한 후 [설치]를 눌러 키네마스터 앱을 다운받습니다. 키네마스터 다운로드가 완료되면 [열기] 버튼 클릭 후 확인을 눌러줍니다.

아이폰에서 키네마스터 설치하기

　키네마스터가 6.0으로 업그레이드가 되면서 아이폰에는 키네마스터 새로운 앱이 하나 더 생겼습니다. new와 old 두 개의 앱을 확인할 수 있습니다. OLD는 지난 버전이고 NEW는 새로운 버전입니다. 새로운 버전 NEW Kinemaster를 다운로드 받아보겠습니다.

❶ 앱 스토어에서 검색을 클릭합니다.

❷ 검색창에 '키네마스터'를 검색합니다.

❸ OLD KINMASTER 구버전의 키네마스터이므로 무시합니다.

❹ 키네마스터에 NEW를 확인 후 새로운 버전을 다운로드 받습니다.

❺ 키네마스터를 다운로드가 완료되었으면 [열기] 버튼을 클릭 후 [확인] 버튼을 클릭합니다.

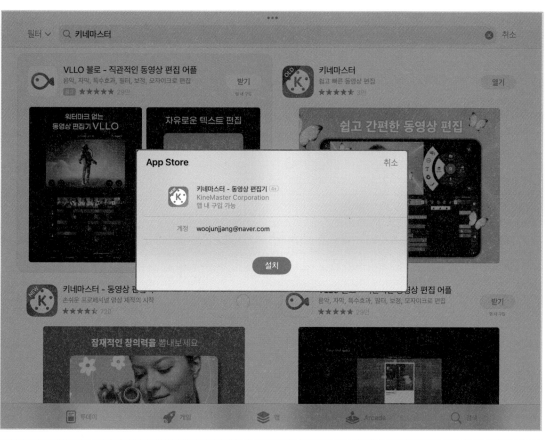

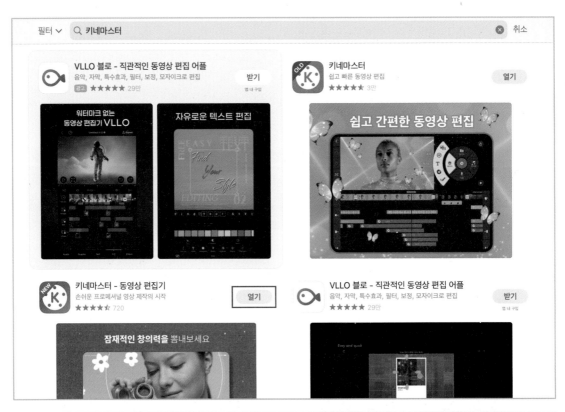

마지막으로 핸드폰 하단에 홈 화면을 확인합니다. 그러면 화면에서 여러가지 템플릿 기능들을 확인할 수 있습니다. 키네마스터에서 제공하는 무료 템플릿 기능으로 원하는 영상 또는 사진 자막 등을 변경해서 나만의 감각적인 영상을 쉽게 만들 수 있습니다. 상단에 카테고리를 활용해서 나와 비슷한 주제를 찾아서 영상을 만드는 것을 추천드립니다.

템플릿 활용하여 영상 만들기

MIX를 클릭하면 이미 만들어진 감각적인 동영상을 볼 수 있습니다. 만들고 싶은 템플릿을 클릭 후 나의 사진이나 영상 자막을 교체해주면 감각적인 나만의 동영상을 만들 수 있습니다. 하단에 MIX를 클릭 후 템플릿을 다운받아 사진을 교체해서 나만의 영상으로 만들 수 있습니다.

본격적인 키네마스터 영상편집을 실행할 수 있습니다. 핸드폰 상단에 [새로만들기]를 클릭하면 동영상 편집을 할 수 있는 화면으로 이동합니다.

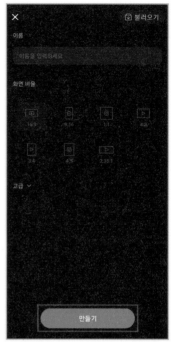

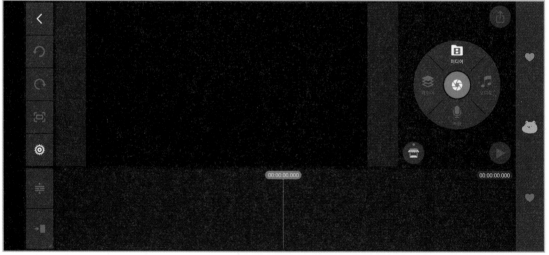

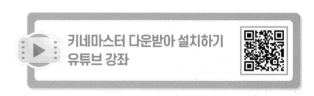

키네마스터 다운받아 설치하기
유튜브 강좌

4. 키네마스터 로그인하기

핸드폰 하단에 [나]를 클릭하면 키네마스터 로그인을 할 수 있습니다. 키네마스터가 처음이라면
회원가입을 클릭합니다. [회원가입] 버튼을 클릭 후 이메일 주소와 코드를 삽입합니다.

이미 회원가입을 하셨다면
하단에 이메일로 로그인 버튼을
클릭합니다.

동영상 촬영 시 주의할 점

키네마스터로 영상을 하기 위해 스마트폰으로 촬영할 때 [가로 촬영]을 추천 드립니다. 그 이유는 세로로 촬영을 하면 아래처럼 화면 양편에 검은색 여백이 발생할 수 있기 때문입니다.

Kinemaster 프리미엄과 무료의 차이점은 무엇일까요?

❶ 가장 큰 차이점은 동영상 작업 시 오른쪽에 나타나는 워터마크의 유무입니다. 무료 버전인 경우는 그림처럼 오른쪽에 키네마스터 워터마크가 보입니다.

❷ 그러나 프리미엄(유료)으로 전환이 되면 오른쪽에 키네마스터 워터마크가 보이지 않습니다.

❸ [프리미엄] 기능을 이용하면 에셋 스토어에 들어가서 음악이나 스티커에 [프리미엄]이라고 쓰여 있는 부분을 다운받아 사용할 수 있습니다.

02 : 키네마스터로 사진&동영상 편집하기

이번 장부터는 영상을 편집하는 방법을 알아보겠습니다. 사실 전문적인 유튜버가 아닌 이상 처음 시작하는 초보자들이 처음부터 유튜브에 올리는 영상은 영상 편집 기술이 많이 필요하지 않습니다. 컷 편집, 자막 넣기, 음악 넣기만 활용해도 훌륭한 영상으로 만들 수 있습니다.

이 책에서는 동영상 편집에 가장 기본적이라고 할 수 있는 기본적인 기능 5가지를 위주로 차근차근히 설명할 예정입니다. 5가지 기능만 터득하면 누구든지 유튜브에 자신만의 영상을 만들어 올릴 수 있습니다.

❶ 컷 편집하기 – 영상에서 필요 없는 부분을 제거하는 방법
❷ 자막 넣기 – 영상에 자막을 넣는 방법
❸ 음향 넣기 – 영상에 음향 및 배경 음악을 넣는 방법
❹ 영상 저장 – 편집한 영상을 유튜브에 올리기 위해 공유하는 방법
❺ 유튜브 업로드 – 누구나 볼 수 있게 유튜브에 등록하는 방법

1. 키네마스터 초기 화면 구성

❶ 동영상 불러오기 화면으로 돌아갑니다.

❷ 되돌리기

❸ 다시 실행

❹ 캡처 기능

❺ 설정

❻ 타임라인 확장

❼ 다음 사진으로 넘어가기

2. 사진, 영상 가지고 오기

편집에 필요한 사진이나 영상을 가져오는 방법을 알아봅니다.

❶ 키네마스터를 실행하면 아래와 같은 화면이 나타납니다. 화면 왼쪽의 [비디오] 버튼을 클릭하면 편집 화면으로 들어가게 됩니다.

❷ 비율을 선택하는 창이 나옵니다. 대부분의 유튜브 동영상은 가로 화면인 16:9 비율을 사용하므로 16:9를 선택합니다.

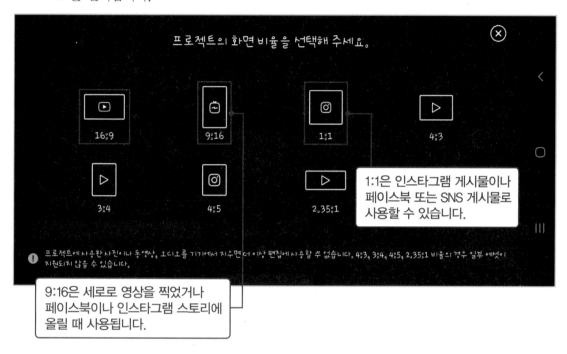

❸ 16:9를 클릭하면 [미디어 브라우저]가 열립니다(중간에 광고가 나타날 수도 있습니다). 그리고 내 스마트폰에 저장된 영상과 사진들이 표시됩니다.

여기서 잠깐!

[미디어 브라우저]에서 사진만 나열하거나 동영상만 나열할 수 있는 기능이 있습니다. 오른쪽의 [사진 영상] 목록 단추를 클릭하여 원하는 항목을 선택합니다.

❶ 사진과 동영상이 모두 보입니다.
❷ 사진만 보입니다.
❸ 동영상만 보입니다.

❹ 원하는 사진을 클릭합니다(사진 또는 동영상을 가져오는 방법은 동일합니다. 따라서 이 책에서는 이해를 쉽게 돕기 위해 사진을 가져오는 것으로 설명하기로 합니다).

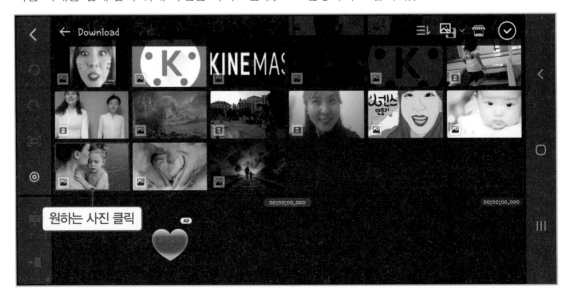

원하는 사진 클릭

❺ 편집하고 싶은 영상이나 사진을 선택하면 화면 하단에 존재하는 [타임라인]에 사진 또는 동영상이 나타납니다. 화면의 하단부위를 [타임라인]이라 합니다.

타임라인

❻ 하나가 아닌 여러 영상이나 사진을 불러오고 싶다면 불러오고 싶은 순서대로 클릭합니다.

그러면 화면 하단의 [타임라인]에 클릭한 사진이 순서대로 표시됩니다. 아래는 3개의 사진을 클릭하여 [타임라인]에 3개의 사진이 나타난 상태입니다.

편집을 하기 위해 오른쪽 상단의 [창닫기] ◉ 단추를 클릭합니다(앞으로 대부분의 모든 작업은 최종적으로 이 단추를 눌러야 완료됩니다).

❼ 편집 화면으로 이동했습니다.

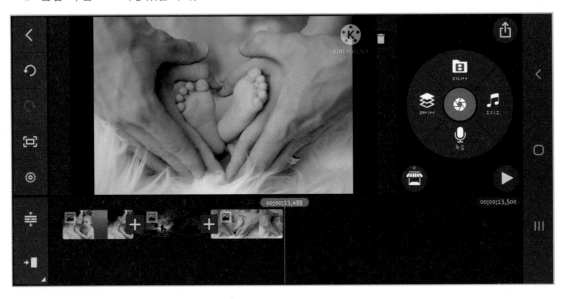

Q. 사진을 잘못 가지고 왔습니다. 사진을 지울 수 있는 방법이 있을까요?

A. 삭제하고 싶은 사진을 클릭하면 ❶번처럼 노란색으로 테두리가 변합니다. 그런 다음 왼쪽에 [휴지통] 버튼(❷)을 클릭하면 사진이 삭제됩니다.

사진을 가져오는 다른 방법

편집 화면에서 [미디어]를 클릭하면 영상과 사진이 모여 있는 [미디어 브라우저]가 열립니다. 이 기능은 편집하는 중에 영상, 사진을 추가하는 경우 유용합니다.

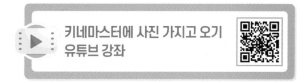

키네마스터에 사진 가지고 오기
유튜브 강좌

03 : 컷 편집하기
(동영상에서 필요 없는 부분 제거하기)

영상에서 필요 없는 부분을 삭제하는 것을 '컷 편집'이라고 합니다. 키네마스터에서 '컷 편집'에는 3가지 방법이 있습니다.

- 영상의 좌측을 제거하는 방법
- 영상의 우측을 제거하는 방법
- 영상의 중간 부분을 제거하는 방법

화면 하단 [타임라인]의 중앙에 나타나는 빨간색 선을 주목하세요. 빨간색 선은 영상 편집의 기준이 되는 [플레이 헤드]라고 부르는 선으로 매우 중요합니다. 다시 말해 [플레이 헤드]를 기준으로 '컷 편집'을 한다고 생각하면 됩니다.

1. 영상의 왼쪽 자르기

❶ 화면 하단 [타임라인]의 영상 파일을 좌우로 움직여서 자르고 싶은 위치에 [플레이 헤드]를 위치시킵니다. 이어서 손가락을 이용해 편집하고 싶은 사진을 클릭하면 클릭한 사진 주변에 노란색

으로 테두리가 생성됩니다(노란색 테두리는 선택한 사진 또는 동영상에 대해 편집이 가능하다는 표시입니다).

❷ 그러면 오른쪽 메뉴가 편집 메뉴 형태로 변경됩니다. [가위] 버튼을 클릭합니다.

❸ [트림/분할] 화면이 나타납니다. [트림/분할]에는 총 4개의 메뉴가 나타납니다. 여기에서 트림 은 제거하는 작업, 분할은 자르는 작업으로 생각하면 됩니다.

❶ 플레이 헤드의 왼쪽 영상을 제거합니다.

❷ 플레이 헤드의 오른쪽 영상을 제거합니다.

❸ 플레이 헤드를 기준으로 영상을 2개로 나눕니다.

❹ 플레이 헤드에 있는 화면을 캡처합니다.

❹ 왼쪽을 자르고 싶은 경우 [플레이 헤드의 왼쪽을 트림]을 클릭합니다.

❺ 그러면 [플레이 헤드]의 왼쪽이 제거된 사진을 볼 수 있습니다. 편집이 완료되면 화면 우측 상단의 [창닫기] ⊘ 버튼을 눌러 편집 화면으로 이동합니다.

❻ 왼쪽 트림이 완료되어 잘려져 나간 상태의 모습입니다.

컷 편집을 했는데 영상을 되돌리고 싶으면?

❶ 영상을 되돌립니다.

❷ 영상을 다시 실행합니다.

2. 영상의 오른쪽 자르기

❶ [플레이 헤드의 오른쪽 트림]하기는 [플레이 헤드의 왼쪽을 트림]하기와 방법이 유사합니다. 화면 하단 [타임라인]의 영상 파일을 좌우로 움직여서 편집할 곳에 [플레이 헤드]를 위치시킵니다.

❷ 편집할 부분의 영상을 클릭하면 노란색 테두리가 생깁니다. 이어서 오른쪽 [가위] 버튼을 클릭합니다.

❸ [플레이 헤드의 오른쪽을 트림]을 클릭합니다.

❹ 오른쪽 상단의 [창닫기] ◎ 버튼을 클릭합니다.

❺ 오른쪽 트림이 완료된 화면을 확인할 수 있습니다.

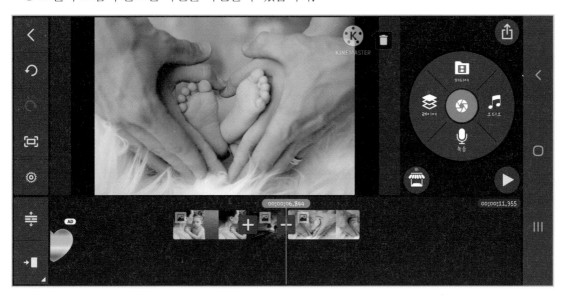

3. 플레이 헤드에서 분할하기

[플레이 헤드에서 분할]은 영상의 중간에 실수한 부분을 잘라내는 기능입니다. 가장 중요한 기능이면서 가장 자주 사용하는 기능이니 주의해서 봐주시기 바랍니다.

❶ [플레이 헤드]를 편집할 위치에 놓습니다.

❷ 편집할 영상을 클릭하면 [타임라인]이 노란색 테두리로 변합니다. 오른쪽 [가위] 버튼을 클릭합니다.

❸ [플레이 헤드에서 분할]을 클릭합니다.

❹ 타임라인의 영상이 2개로 분할됩니다. 우측 상단의 [창닫기] ⊙ 버튼을 클릭하여 편집 화면으로 빠져나옵니다.

❺ 영상을 분할한 지점에서 [플레이 헤드 왼쪽을 트림] 혹은 [플레이 헤드 오른쪽을 트림] 기능을 이용하여 컷 편집하고 싶은 부분을 제거합니다.

분할하는 또 다른 방법

컷 편집할 부분에 대해 [플레이 헤드에서 분할]을 클릭한 후 휴지통에 버리는 방법도 있습니다.

❶ 컷 편집할 영상을 클릭한 다음 [플레이 헤드에서 분할]을 클릭합니다.

❷ [플레이 헤드에서 분할]이 되면 두 개의 파일로 생성이 됩니다. 그런 다음 편집할 부분에 대해 [휴지통] 버튼을 클릭해서 버리면 됩니다.

4. 분할 및 정지 화면 삽입하기

[플레이 헤드] 위치에 있는 영상을 사진으로 만들 수 있는 기능으로 스마트폰의 '캡처' 기능과 동일하다고 생각하면 됩니다.

❶ 플레이 헤드를 [정지 화면]으로 만들고 싶은 부분에 위치시킵니다.

❷ 편집할 영상을 클릭한 후 [분할 및 정지화면 삽입]을 클릭합니다.

❸ 정지 분할된 장면이 [타임라인]에 나타납니다.

지금까지 영상의 컷 편집에 대해 알아보았습니다. 컷 편집은 영상을 자르는 편집 기능이지만 앞으로 배울 자막 넣기, 음악 넣기 등에서 컷 편집이 유사하게 적용되니 잘 기억해 주기 바랍니다.

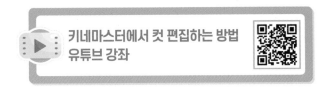

키네마스터에서 컷 편집하는 방법
유튜브 강좌

컷 편집을 잘 하려면?

컷 편집을 잘하려면 잘라내고 싶은 구간에 정확하게 [플레이 헤드]를 가져다 놓아야 합니다.

그렇지만 지금까지 사용했던 [타임라인]을 손가락으로 움직이는 방식으로는 정확히 원하는 위치에 [플레이 헤드]를 놓는 것은 어렵습니다.

실무에서 실제적으로 사용하는 편리한 방법은 [재생], [일시정지] 버튼을 이용하는 것입니다.

[재생] 버튼을 클릭하고 영상을 시청합니다. 그러면 영상이 재생되면서 [재생] 버튼은 [일시 정지] 버튼으로 바뀝니다. 재상 중에 컷 편집을 하고 싶은 장면이 나오면 [일시 정지] 버튼을 누른 다음 컷 편집 작업을 하면 됩니다.

04 : 영상에 자막 넣기

자막은 영상의 집중도를 높여주는 역할을 합니다. 영상에 어떤 자막을 넣는지에 따라 영상의 집중도가 달라지기 때문입니다. 예능 프로그램이나 유튜브에서 즐겨보던 동영상들의 자막을 떠올려보면 이해가 되실 것입니다.

자막 작업은 다음의 4가지로 정리해 볼 수 있습니다.

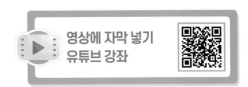

영상에 자막 넣기
유튜브 강좌

1. 자막 넣기

컷 편집에서 작업했던 것과 마찬가지로 '자막 넣기'의 기준도 [플레이 헤드]입니다.

❶ 자막을 넣고 싶은 곳에 [플레이 헤드]를 놓습니다. 그런 다음 화면 오른쪽 메뉴에서 [레이어]를 클릭합니다. 다시 말하지만 [플레이 헤드]는 화면 하단의 [타임라인]에 있는 빨간색 선을 말합니다.

❷ [레이어]를 클릭하면 하위 메뉴(미디어, 효과, 스티커, 텍스트, 손글씨)가 나타나는데 그 중에서 [텍스트](T)를 클릭합니다.

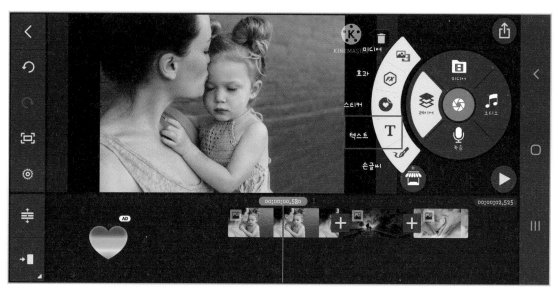

❸ 자막을 입력할 수 있는 입력창이 나타납니다. 입력창에 원하는 글을 입력한 후 오른쪽에 [확인]을 클릭합니다.

❹ 자막의 크기를 영상에 맞게 확대, 축소합니다.

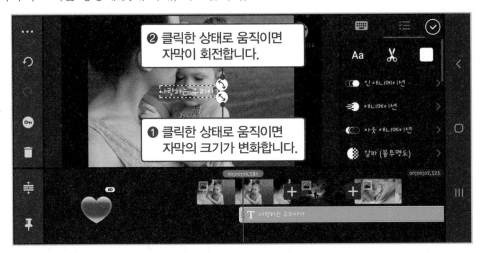

❺ 자막의 위치를 변경하려면 자막을 누른 상태로 원하는 위치로 드래그 합니다.

❻ 원하는 작업이 완료되면 오른쪽 상단의 [창닫기]  버튼을 클릭합니다. 그러면 하얀색 점선 테두리가 사라지면서 자막 넣기가 완료됩니다.

2. 자막 내용을 수정하기

자막을 완성했는데 오타를 발견한 경우 [자막 수정]하는 방법을 알려드리겠습니다.

❶ 수정할 자막을 클릭하면 노란색 테두리로 변합니다. 이어서 오른쪽 화면에서 [키보드] 버튼을 클릭합니다.

❷ 자막 수정 화면이 나타나면 내용을 수정하고 [확인]을 클릭합니다.

❸ 수정된 자막이 나타나면서 노란색 [타임라인]에도 수정된 모습이 보입니다. [창닫기] ⊙ 버튼을 클릭합니다.

❹ 자막에 표시된 흰 테두리가 없어지면서 수정이 완료된 모습을 볼 수 있습니다.

3. 자막 폰트 바꾸기(자막 글씨체 바꾸기)

❶ 폰트 변경하기

폰트를 변경하고 싶은 자막을 클릭하면 노란색 테두리가 생깁니다. 이어서 [Aa(자막폰트변경)] 버튼을 클릭합니다.

❷ 기본 폰트 화면이 나타납니다. 폰트를 추가하고 싶으면 [에셋 스토어]에서 [다운로드]가 가능합니다. 화면 우측 상단에 상점 🏪 버튼을 클릭합니다.

❸ 폰트 화면이 나타나면 우리는 [한국어]를 많이 쓰기 때문에 [한국어] 카테고리로 들어간 다음 원하는 폰트를 클릭하고 [종료] ⊗ 버튼을 클릭합니다.

❹ 다운로드할 폰트가 나타나면 우측의 [다운로드] 버튼을 클릭합니다.

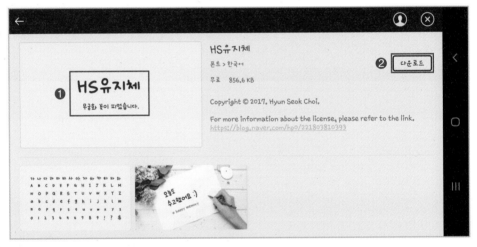

❺ 설치가 완료되면 [종료] ⊗ 버튼을 클릭합니다.

❻ T 폰트 화면으로 돌아온 후 [한국어]를 클릭하면 HS 유지체가 설치된 것을 확인할 수 있습니다. [창닫기] ⊘ 버튼을 클릭합니다.

여기서 잠깐!

폰트는 목록에 영어로 표시됩니다. 에셋 스토어에서는 한글 이름이 보였지만 설치 목록에는 영어로 나타납니다. 즉, 'HS 유지체'를 선택했는데 영어로 'HS YuJi Regular'로 표시됩니다. 따라서 설치한 폰트의 이름을 기억하는 것을 잊지마세요.

HS유지체

HS Yuji Regular

무궁화 꽃이 피었습니다.

❼ 글씨체가 변경된 것을 확인할 수 있습니다. 오른쪽 상단의 [창닫기] ⊘ 버튼을 클릭합니다.

❽ 완성된 화면입니다.

4. 자막 컷 편집하기

동영상에서 자막 작업은 귀찮은 일 중 하나입니다. 글자를 입력할 때마다 색상과 글자체를 지정하고 여러 가지 효과도 넣어야 합니다. 더군다나 비슷한 자막이 여러 개인 경우 반복 작업은 지루하기만 하며 영상 편집의 시간을 불필요하게 증가시키기만 할 뿐입니다. 이럴 때 처음에 만든 자막에 폰트와 자막 위치 배경색 등을 지정해 놓은 다음 플레이 헤드 분할 기능을 이용하여 자막을 분할시키면 시간을 많이 단축시킬 수 있습니다.

❶ 플레이 헤드를 편집할 자막에 위치한 다음 타임라인에서 컷 편집할 자막을 클릭하면 자막이 노란색 테두리로 변경됩니다. 이어서 오른쪽 상단의 [가위] 버튼을 클릭합니다.

손가락을 이용하여 자막의 크기를 늘리거나 줄일 수 있습니다.

❷ 트림/분할 화면이 나타납니다.

❶ [플레이 헤드의 왼쪽을 트림] : 플레이 헤드를 기준으로 왼쪽이 잘라집니다.

❷ [플레이 헤드의 오른쪽을 트림] : 플레이 헤드를 기준으로 오른쪽이 잘라집니다.

❸ [플레이 헤드에서 분할] : 플레이 헤드를 기준으로 두 개로 분리됩니다.

❸ 여기서는 자막을 두 개로 분할하기로 합니다. 위 화면에서 [플레이 헤드에서 분할]을 선택하고 오른쪽 상단에 [창닫기] ◉ 를 클릭하면 한 개의 자막이 두 개로 분할된 것을 볼 수 있습니다.

❹ 이와 같은 방식으로 여러 개의 자막이 필요한 경우 이용하면 편리합니다.

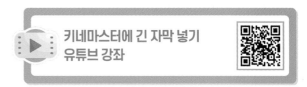

키네마스터에 긴 자막 넣기
유튜브 강좌

여기서 잠깐!

2번째 자막을 수정하고 싶다면?

수정할 자막의 타임라인을 클릭하면 노란색 테두리로 변환됩니다. 이어서 오른쪽 상단의 [키보드] 버튼을 클릭하여 자막을 수정합니다(43쪽 참조).

5. 자막 색상 변경하기

❶ 기본 자막은 하얀색입니다. 자막 색상을 변경하려면 변경할 자막을 클릭합니다. 자막이 노란색 테두리로 변환되면 오른쪽 상단의 [흰색 네모] ☐ 버튼을 클릭합니다.

❷ 여러 가지 색상이 표시된 표준 팔레트 화면이 나타납니다.

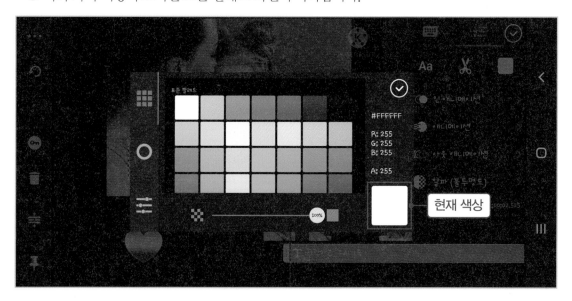

❸ 변경하고 싶은 색상을 클릭하고 [창닫기] 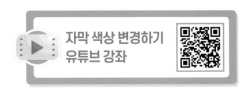 버튼을 클릭합니다.

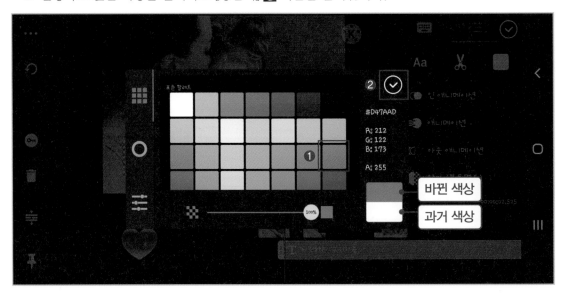

❹ 색상이 변경되었습니다.

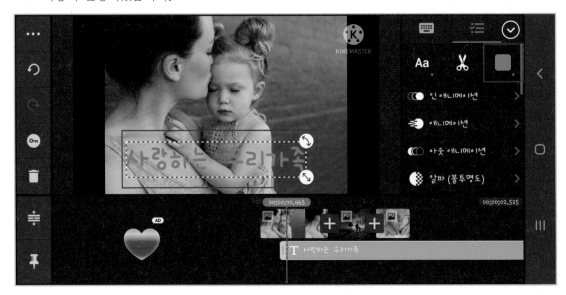

▶ 자막 색상 변경하기
유튜브 강좌

6. 자막에 효과 넣어 가독성 높이기

자막에 효과를 넣으면 자막에 대한 집중도가 상승합니다.

인애니메이션 효과 사용하기

❶ 효과를 넣을 자막을 클릭하면 노란색 테두리로 변경됩니다. 이어서 오른쪽 메뉴에서 [인애니메이션] 메뉴를 클릭합니다.

❷ 페이드, 팝, 오른쪽으로 밀기, 왼쪽으로 밀기 등의 여러 가지 효과 메뉴가 나타납니다. 각 메뉴를 클릭하면 선택한 효과가 적용되어 왼쪽 화면에 나타나므로 선택한 효과를 미리 확인해 볼 수 있습니다. 그 중에서 원하는 효과를 찾아 클릭한 후 오른쪽 상단에 [창닫기] ✅ 버튼을 클릭합니다.

애니메이션 효과 적용하기

❶ 편집할 자막을 클릭한 다음 [애니메이션 효과]를 클릭합니다.

❷ 느리게 깜빡이기, 점멸, 펄스 등의 여러 가지 효과 메뉴가 나타납니다. 각 메뉴를 클릭하면 선택한 효과가 적용되어 왼쪽 화면에 나타나므로 선택한 효과를 미리 확인해 볼 수 있습니다. 그 중에서 원하는 효과를 찾아 클릭한 후 오른쪽 상단에 [창닫기] ✅ 버튼을 클릭합니다.

윤곽선, 그림자, 글로우, 배경색 등의 효과 넣기

❶ 효과를 적용할 자막을 클릭한 다음 오른쪽 화면에서 스크롤을 내려줍니다.

❷ 그러면 윤곽선, 그림자, 글로우 배경색 등의 효과 메뉴가 나타납니다. 이중에서 [윤곽선]을 클릭합니다.

❸ [Enable] 우측의 버튼을 오른쪽으로 밀어 활성화 시킵니다.

❹ Enable을 활성화하면 빨간색 버튼으로 변경되면서 윤곽선이 적용된 것을 볼 수 있습니다. 오른쪽 상단에 [창닫기] ⊘ 버튼을 클릭합니다.

❺ 윤곽선이 적용된 자막을 확인합니다. 이와 같은 방법으로 그림자, 글로우, 배경색 등을 적용하면 됩니다.

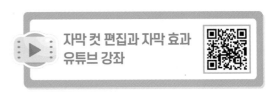

자막 컷 편집과 자막 효과
유튜브 강좌

❻ 그림자를 넣은 자막 화면입니다.

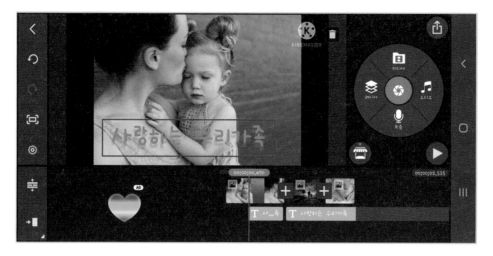

❼ 글로우를 넣은 자막 화면입니다.

❽ 배경색을 넣은 자막 화면입니다.

05 : 영상에 음향 넣기

단순히 영상만 보여주는 것보다 청각적인 요소인 음악이나 효과음이 추가되면 영상의 풍미가 달라집니다.

멋진 드라마에 OST가 없다면 허전하지 않을까요?

예능 프로그램에 자막과 배경 음악이 없다면 재미가 있을까요?

그만큼 동영상 편집에서 음악은 중요한 역할을 합니다. 이번 단원에서는 음악을 넣는 방법에 대해 알아보겠습니다.

> ▶ 영상에 음악 넣기
> 유튜브 강좌

1. 음향 다운받아 넣기

❶ 배경 음악을 넣을 곳에 [플레이 헤드]를 놓습니다. 이어서 오른쪽 메뉴에서 [오디오] 버튼을 클릭합니다.

❷ [오디오 브라우저] 화면이 나타납니다. [오디오 브라우저]에 여러 개의 메뉴가 있습니다.

❶ **음악** : 키네마스터에서 제공되는 음악입니다(무료로 제공되는 버전인 경우는 저작권법에 상관
  없이 마음대로 사용할 수 있습니다).

❷ **효과음** : 물 끓이는 소리, 웃음소리 등 효과음이 정리되어 있습니다.

❸ **녹음** : 목소리 등으로 녹음한 파일을 사용할 수 있습니다.

❹ **곡** : 나의 스마트폰에 저장된 노래들을 추가할 수 있습니다(저작권이 걸려있는 음악인 경우 유
  의해야 합니다).

❸ [음악]을 클릭합니다. 처음 사용자는 다운로드한 음악이 없으므로, 음악을 다운로드하기 위해
서는 [음악 에셋 받기]를 클릭합니다.

❹ 왼쪽에 음악 종류가 분류되어 있습니다. 음악 제목 밑에 '프리미엄'이라고 표기된 곡은 유료 버전 사용자만 가능합니다. 무료라고 표기된 곡은 무료 버전 사용자도 [다운로드] 가능합니다. [재생] ▶ 버튼을 클릭하면 음악을 미리 들어볼 수 있습니다. 선택한 음악을 [다운로드]를 클릭합니다.

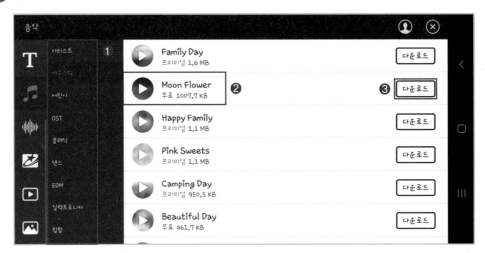

❺ 설치가 완료되면 오른쪽 상단에 [종료] ⊗ 단추를 클릭합니다.

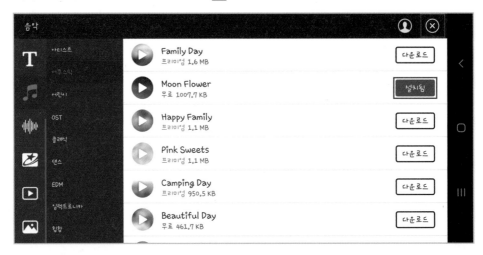

❻ [오디오 브라우저] 화면으로 돌아오면 다운받은 음악인 [Moon Flower]를 클릭합니다.

❼ Moon Flower 글씨가 빨간색으로 변합니다. 음악을 재생해서 들어본 후 ⊕ 버튼을 누르면 [타임라인]에 음악이 추가됩니다.

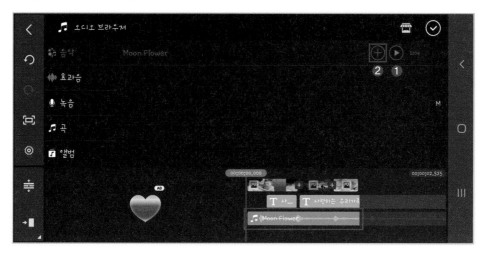

❽ 위 화면에서 우측 상단의 [창닫기] ⊘ 버튼을 누르면 완료됩니다. 현재까지 작업한 결과 타임라인에 3개의 레이어가 쌓여진 것을 볼 수 있습니다.

여기서 잠깐!

타임라인에는 여러 개의 레이어가 등록될 수 있습니다.

2. 음악의 소리 크기 조절하기

음악 소리의 크고 작음을 조절하여 상황에 맞게 만들 수 있습니다.

❶ 초록색 [음악] 레이어를 클릭합니다. 이어서 오른쪽 상단의 [스피커] 🔊 버튼을 클릭합니다.

❷ 스피커 모양의 음악 크기를 조절하는 화면이 나타납니다. 처음에는 100%로 설정되어 있으며 손가락으로 드래그하여 올리면 소리가 커지고 낮추면 소리가 작아집니다.

❸ 일반적으로 영상 안에서 음악을 잔잔하게 배경 음악으로 넣고 싶거나 음성과 함께 사용하는 경우에는 25%~30% 정도가 적당합니다. 아래는 28% 정도에 맞춘 화면입니다. 완료되면 오른쪽 상단에 [창닫기] ◎ 버튼을 클릭합니다.

3. 소리 녹음하기(음성 넣기)

영상에 내레이션 등의 음성을 따로 추가할 수 있습니다. 예를 들면 외국 영화를 더빙하거나, 만화에 소리를 따로 녹음하는 경우라고 생각하면 됩니다.

❶ [플레이 헤드]를 녹음을 시작하는 위치에 놓은 다음 오른쪽 메뉴에서 [녹음] 버튼을 클릭합니다.

❷ 마이크 접근 권한에 [허용]을 클릭합니다.

❸ 녹음을 위해 KineMaster 접근 권한에 [허용]을 클릭합니다.

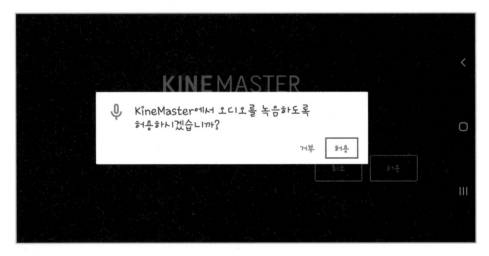

❹ '녹음 준비 완료'라고 나오면 아래쪽에 [시작] 버튼을 클릭하여 녹음을 합니다.

❺ 녹음이 진행 중이면 불투명의 파일이 진행됩니다. 마이크를 이용하여 녹음을 하기 시작합니다. 녹음이 완료되면 [정지] 버튼을 클릭합니다.

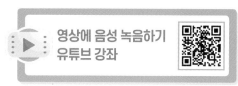

영상에 음성 녹음하기
유튜브 강좌

❻ 녹음이 완료되면 [보라색 음성 녹음 파일]이 나타납니다.

❶ [스피커] 버튼은 음성의 크기를 조절할 수 있습니다.

❷ 녹음한 내용을 들어볼 수 있습니다.

❸ 다시 녹음할 수 있습니다.

독자 Q&A Q. 키네마스터를 편집하다가 실수로 키네마스터 앱에서 나왔어요. 제가 편집한 영상이 사라지나요?

A. 아닙니다. 키네마스터 영상은 자동으로 저장되기 때문에 걱정하지 않으셔도 됩니다. 키네마스터 초기 화면으로 돌아오면 오른쪽에 편집했던 영상이 보입니다. 다시 편집하려면 편집했던 영상을 클릭하면 다음과 같은 화면이 나옵니다.

❶ 편집 화면으로 들어갑니다.

❷ 제목을 수정할 수 있습니다(쉽게 찾을 수 있도록 제목을 수정합니다).

❸ 편집한 영상을 재생하여 볼 수 있습니다.

❹ 내보내기 하여 공유할 수 있습니다(영상으로 만들어집니다).

❺ 기존의 16 : 9 화면을 여러 화면 비율로 바꿀 수 있습니다.

❻ 삭제합니다.

06 : 편집한 영상을 공유하기 (갤러리에 자동 저장하기)

기본적인 편집이 끝나면 유튜브에 올리기 위해 동영상을 저장(공유)합니다. 키네마스터의 저장 방법은 간단하게 진행할 수 있습니다.

❶ 먼저 영상을 저장하기 전에 [재생] 버튼을 눌러 편집이 잘 되었는지 확인합니다. 이상이 없으면 화면 오른쪽에 [내보내기] 버튼을 클릭합니다.

❷ [내보내기 및 공유] 화면이 나타나면 해상도와 프레임 레이트를 정합니다. 프레임 레이트란 초당 전송하는 프레임의 수, 즉 연속된 이미지들을 촬영하거나 재현하는 속도의 비율을 의미합니다. 일반적으로 동영상의 해상도는 1080p, 프레임 레이트는 30으로 설정하면 됩니다. 그런 다음 [내보내기]를 클릭하면 동영상이 갤러리에 저장됩니다.

❸ 무료 버전인 경우는 [내보내기]로 변환되기 전에 KineMaster 프리미엄에 대한 광고가 나옵니다. [건너뛰기]를 누르면 됩니다.

❹ [내보내기 중]이란 화면은 갤러리에 저장되고 있는 중입니다. 빨간색이 끝까지 차면 저장이 완료된 것입니다. 동영상 길이가 짧으면 금방 내보내기가 완료되지만 동영상 길이가 길면 소요되는 시간이 길어질 수 있습니다. 이때 갤러리 안에 저장 공간이 충분히 여유가 있어야 저장될 수 있으니 저장 공간을 유의해주시기 바랍니다.

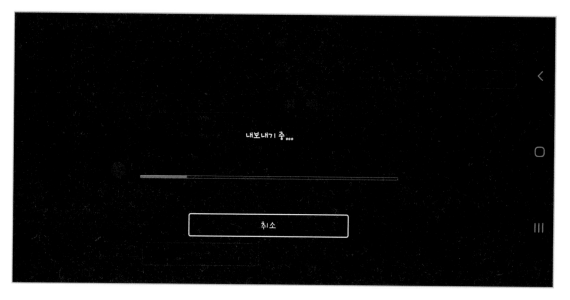

❺ 저장이 완료된 후 [갤러리]에 가면 [Export]에서 완성된 동영상을 볼 수 있습니다.

07 : 유튜브에 동영상 업로드 하기

　편집한 동영상을 유튜브에 올리는 방법은 아주 간단합니다. 유튜브에 동영상을 업로드하는 작업은 PC와 스마트폰 모두 가능합니다. 이 책에서는 키네마스터를 이용해 스마트폰으로 편집하는 방법을 배웠으니 스마트폰으로 올리는 방법을 설명하겠습니다.

❶ 유튜브 앱을 실행한 다음 아래쪽 ⊕ 버튼을 클릭합니다. 이 버튼은 유튜브 동영상을 업로드할 때 사용하는 버튼입니다.

❷ [만들기] 화면이 나타납니다.

❶ 내가 편집한 동영상을 [업로드]하는 기능입니다.

❷ 실시간 방송을 시작할 수 있습니다.

　스마트폰에서 실시간 스트리밍은 구독자 1,000명이 넘어야만 실시간 방송을 할 수 있습니다. 그러나 PC에서는 구독자 수와 상관없이 실시간 스트리밍이 가능합니다. 여기에서는 [동영상 업로드]를 클릭합니다.

❸ 내 스마트폰 안의 갤러리에 저장된 동영상들이 나타납니다. 업로드하고 싶은 동영상을 선택합니다.

❺ 이어서 공개 여부를 정하기 위해 클릭합니다.

❹ [세부정보 추가] 화면이 나타나면 동영상의 제목과 설명 글을 적어줍니다. 제목을 적을 때는 평범한 것보다는 호기심을 느낄 수 있는 제목을 적는 것이 좋습니다. 그래야 독자들이 클릭하여 들어와 볼 수 있기 때문입니다. 제목은 글자 수 100자 제한이 있으며 설명글은 제한이 없습니다. 설명글을 넣을 때 제목을 6~7번 반복해서 넣어주면 상위 노출될 가능성이 높습니다.

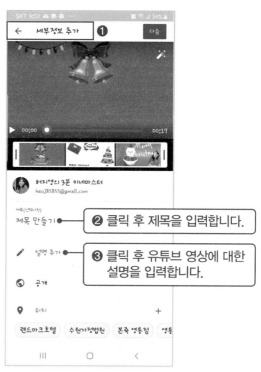

또 다른 유튜브 업로드 방식

❶ 일부 스마트폰에서는 유튜브 업로드 화면이 다르게 나타날 수 있습니다. 유튜브 앱 실행 후 오른쪽 상단 화면에 [카메라] 버튼이 나타나는 경우 이것을 클릭해도 동영상 업로드를 할 수 있습니다.

❷ 원하는 동영상을 선택하면 됩니다.
❶ 영상 촬영 모드로 들어갑니다.
❷ 실시간 방송을 시작할 수 있습니다.
❸ 내 스마트폰 안의 갤러리에 저장된 동영상들이 나타납니다.

❻ 원하는 옵션을 선택합니다. 모든 사람들이 보기를 원하는 경우 [공개]를 선택한 후 오른쪽 상단에 [다음]을 클릭합니다.

❶ 공개 : 내 유튜브 채널에 들어오는 모든 사람들이 내 영상을 시청할 수 있습니다.

❷ 미등록 : 유튜브에서 내 영상을 볼 수는 없지만 해당 영상의 링크를 보내면 시청할 수 있습니다.

❸ 비공개 : 나만 영상을 볼 수 있습니다.

❹ 예약 : 예약한 시간에 공개로 변경하는 기능입니다.

❼ 업로드가 되었다면 나의 유튜브 채널에서 들어가면 업로드한 영상을 감상할 수 있습니다. 우측 상단에 나의 프로필 사진을 클릭하고 [내 채널]로 들어갑니다.

❽ [내 채널]을 클릭합니다.

❾ 업로드한 동영상들이 나타나며 클릭하면 업로드 된 영상을 확인할 수 있습니다.

이름 변경과 내 채널 설명을 할 수 있습니다.

동영상 수정이나 삭제, 공유 등을 할 수 있습니다.

08 : 알아두면 도움 되는 기능들

여기까지가 주요 기능입니다. 이 단계까지 잘 따라오셨다면 충분히 스마트폰으로 촬영하여 유튜브에 올릴 수 있을 것입니다. 이 단원에서는 알아두면 도움이 될만한 소소한 팁들을 알려 드립니다.

▶ 동영상 속에 사진 넣기
유튜브 강좌

1. 동영상 속에 사진 삽입하기

동영상을 만들다 보면 설명의 이해를 더 돕기 위해 동영상이나 사진을 삽입할 때가 있습니다. 키네마스터에서는 간단하게 동영상이나 사진을 추가하여 넣을 수 있습니다.

❶ 삽입하고 싶은 곳에 플레이 헤드를 위치시킨 후 오른쪽 메뉴에서 [레이어]를 클릭합니다.

❷ [미디어]를 클릭합니다.

❸ [미디어 브라우저] 화면이 나타나면 삽입하고 싶은 사진을 찾아서 삽입합니다.

❹ 영상 속에 사진이 삽입되었습니다.

타임라인에도 사진 레이어가
추가된 것을 보실 수 있습니다.

❺ 검지 손가락을 이용해 내가 원하는 위치에 놓습니다. 작업이 완료되면 ⊘ 버튼을 클릭합니다.

❻ 사진이 삽입된 화면을 볼 수 있습니다.

❼ 이렇게 [레이어]–[미디어] 사진을 넣는 방식으로 여러 개의 사진이나 동영상을 삽입할 수 있습니다.

2. 화면 전환 효과 지정하기

유튜브에서 영상을 볼 때 편집점 중간에 플래시나 여러 가지 분할 화면으로 영상미가 보여지는 경우가 있는데 이를 화면 전환 효과라고 합니다. 화면 전환 효과를 이용하면 특정 장면에서 다른 장면으로 넘어가는 과정에 효과를 넣어주면서 자연스럽고 화려한 영상미를 보여줄 수 있습니다.

키네마스터에서는 다양한 화면 전환 효과를 무료로 이용할 수 있습니다.

❶ 영상과 영상 사이에 있는 [+] 버튼을 클릭하면 화면 전환 효과를 넣을 수 있습니다.

❷ [장면전환] 화면이 나타나면서 다양한 카테고리가 보입니다.

아래로 스크롤하면 더 많은 다양한 화면 효과 메뉴들을 볼 수 있습니다.

❸ 아래쪽으로 스크롤해서 나타난 여러 가지 카테고리 중 [다중화면 효과]를 클릭하면 하위 메뉴가 나타납니다. 각각을 눌러보면 좌측 화면에 해당 효과가 적용된 모습을 미리 볼 수 있습니다.

❹ [컬러타일스]를 적용한 모습입니다. 왼쪽의 숫자는 화면 전환 속도를 조절하는 것으로 적을수록 속도가 빨라지고 높을수록 느려집니다.

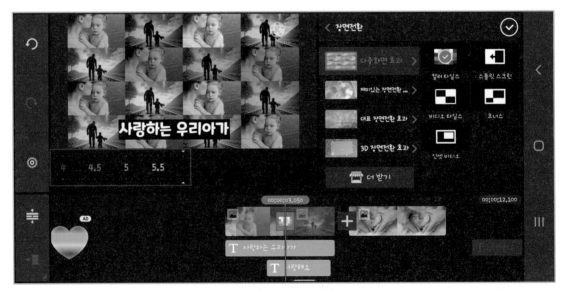

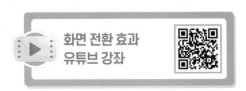

화면 전환 효과
유튜브 강좌

❺ [재생] 버튼을 눌러 적용된 편집 화면을 확인해 봅니다.

TIP
　　　사진이나 동영상 사이사이마다 화면 전환 효과를 넣을 필요는 없습니다. 화면 전환 효과가 자주 나오다 보면 영상미가 떨어질 수도 있고 산만한 느낌을 줄 수도 있기 때문에 포인트 주고 싶은 부분에만 넣어주는 것이 좋습니다.

3. 모자이크 처리하기

영상을 편집하다 보면 지나가는 사람들의 모습이 담겨있거나 차량 번호 등이 보이거나 하는 등으로 인해 모자이크 처리해야 할 때가 있습니다. 모자이크로 불필요한 부분을 숨겨놓는 기능을 알아보겠습니다.

❶ 오른쪽 메뉴에서 [레이어]를 클릭합니다.

❷ [효과]를 클릭합니다.

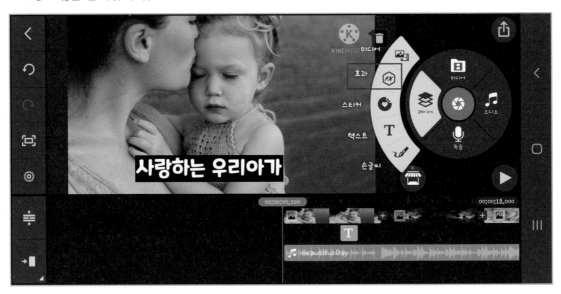

❸ [기본 효과]가 기본으로 설정되어 있습니다. 특별한 모자이크 기법을 적용하고 싶으면 [더받기]를 눌러 다양한 모자이크 기법을 다운받을 수 있습니다(특별한 기법은 프리미엄 회원에게만 주어집니다).

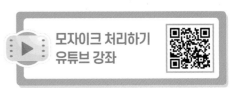

모자이크 처리하기
유튜브 강좌

❹ [기본 효과]를 클릭하면 [가우시안 블러]와 [모자이크] 두 개의 효과 메뉴가 나타납니다. 가우시안 블러는 흐린 장면을 연출하는 기법이고, 모자이크는 우리가 알고 있는 모자이크 효과입니다.

❺ [모자이크] 효과에 표시를 하고 ✅ 버튼을 눌러 빠져 나옵니다.

❻ 모자이크가 적용된 것을 볼 수 있습니다. 손가락을 이용하여 네모 안의 모자이크 크기를 크거나 작게 줄일 수 있습니다.

❼ 모자이크를 좀 더 진하게 적용하고 싶다면 모자이크를 클릭한 후에 오른쪽의 [설정]을 클릭합니다.

❽ [설정] 화면에서 숫자가 높아지면 모자이크 효과가 더 진하게 적용됩니다.

❾ ⊙ 버튼을 눌러 빠져나오면 완성된 모습을 볼 수 있습니다.

4. 동영상에 스티커 삽입하기

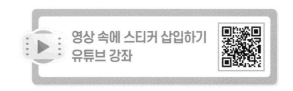

영상 속에 스티커 삽입하기
유튜브 강좌

영상만 내보내기에 밋밋한 효과가 고민인 분들은 동영상에 스티커 효과를 삽입하면 좀 더 생동감을 줄 수 있습니다. 키네마스터에는 기본으로 많은 스티커 효과들이 있으니 천천히 보면서 마음에 드는 스티커를 골라 사용하면 됩니다.

❶ 오른쪽 메뉴에서 [레이어]–[스티커]를 클릭합니다.

❷ [스티커] 화면이 나타나고 [기본 스티커]가 저장되어 있습니다. 기본 스티커를 사용해도 좋지만 보다 특별한 스티커 효과를 이용하려면 [더받기]를 클릭하여 에셋 스토어로 들어갑니다.

❸ [스티커] 화면이 나타나고 카테고리 별로 스티커가 정돈되어 있습니다. 원하는 스티커 카테고리에 들어가 봅니다. 여기서는 [기념일]-[행복한 어린이날]을 선택했습니다.

'프리미엄'이 붙은 스티커는 키네마스터 유료 버전 사용자만 이용할 수 있습니다. 여기에서는 무료 버전을 사용하고 있으므로 '프리미엄'이 쓰여지지 않은 스티커를 클릭하면 됩니다.

❹ 스티커를 선택했다면 [다운로드] 버튼을 클릭합니다.

❺ [설치됨] 표시가 나타나면 ⊗ 단추를 눌러 빠져 나옵니다.

❻ 방금 다운로드한 스티커가 추가되었습니다. 다운받은 스티커인 [행복한 어린이날]을 클릭합니다.

❼ [행복한 어린이날]의 여러 가지 스티커 모습이 나타나면 내 영상과 어울리는 스티커를 클릭합니다.

❽ 고른 스티커를 클릭하면 아래쪽 타임라인에서 빨간색으로 추가됩니다. 왼쪽 화면에서도 스티커가 추가된 모습이 보입니다. ⊙ 를 눌러 빠져나옵니다.

❾ 스티커는 검지 손가락을 이용해 움직일 수 있습니다. 원하는 자리에 이동시킵니다.

5. 단색 배경을 이용해서
스티커로만 화면 꾸미기

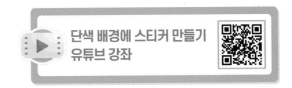

단색 배경에 스티커 만들기
유튜브 강좌

키네마스터에서 제공되는 [이미지]라는 카테고리에는 다양한 단색 배경들이 제공되는데 단색 배경을 이용해 여러 가지 화면을 연출할 수 있습니다.

❶ [비디오] 버튼을 클릭합니다.

❷ 16:9를 클릭합니다.

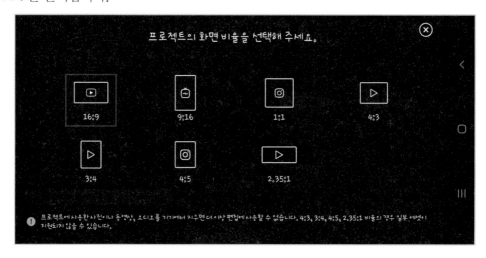

❸ [이미지]를 클릭합니다.

❹ 여러 가지 단색 배경 이미지가 나타납니다. 원하는 단색 배경을 클릭합니다.

상점을 클릭하면 에셋 스토어로
들어가서 좀 더 많은 이미지를
다운받을 수 있습니다.

❺ 단색 배경 이미지가 입혀졌습니다. [레이어]-[스티커]를 차례대로 클릭합니다.

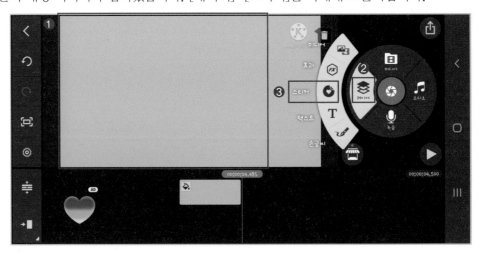

❻ 단색 배경과 어울리는 스티커를 클릭해줍니다. 스티커는 여러 개 넣을 수 있습니다.

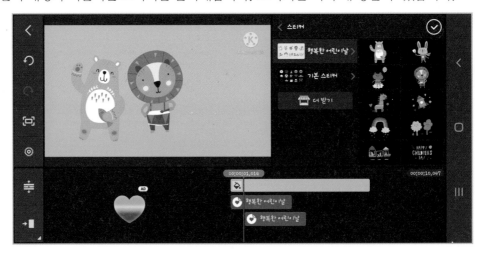

❼ 스티커 3개를 삽입해 보았습니다. 스티커 삽입 기능은 초등학생 친구들이 좋아하는 영상입니다. 단색 배경에 스티커를 활용하여 많은 영상을 만들어 보시기 바랍니다.

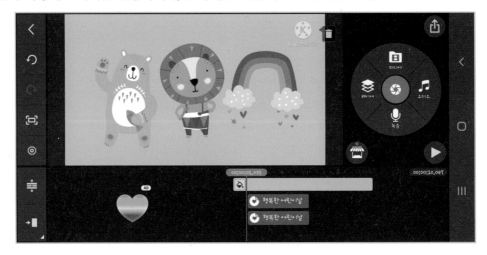

6. 키네마스터에서 손글씨 쓰기

손글씨는 화면에다가 손으로 글을 쓸 수 있는 기능입니다. 키네마스터에서 제공하는 손글씨 기능을 이용하면 나의 글씨체를 영상에 담아 좀 더 따뜻한 영상을 만들 수도 있습니다.

❶ 손글씨를 넣을 구간에 플레이 헤드를 위치한 다음 [레이어-[손글씨]를 차례대로 클릭합니다.

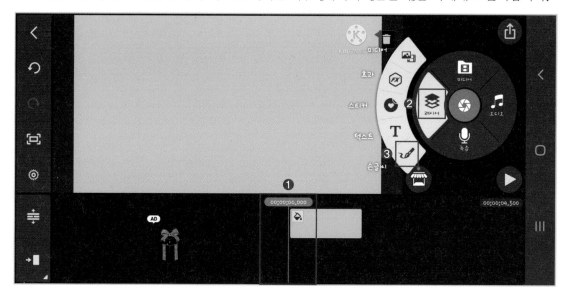

❷ 타임라인에 손글씨(주황색)가 추가되면서 오른쪽에 손글씨 메뉴가 나타납니다.

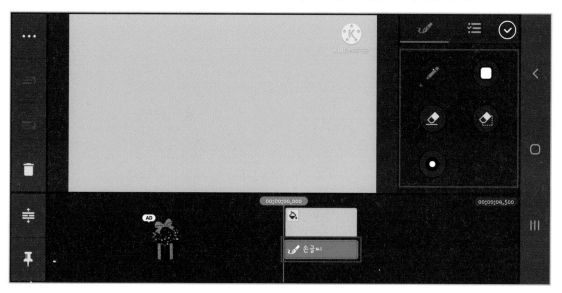

❸ [연필]을 클릭하여 원하는 도형 모양을 선택한 다음 손가락을 이용하여 손글씨를 표현합니다.

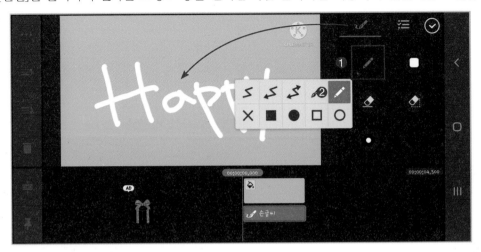

❹ 손글씨의 색상을 변경할 수 있습니다.

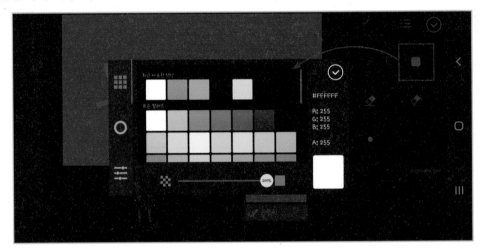

❺ 잘못 표현한 경우 [지우개]를 선택한 후 화면의 원하는 부분을 손가락으로 눌러 지울 수 있습니다.

❻ [전체 지우개]를 클릭하면 화면의 모든 손글씨가 지워집니다.

❼ 연필의 굵기를 선택하면 가늘거나 굵은 연필의 굵기로 선택해서 쓸 수도 있습니다.

7. 손글씨를 실제로 쓰는 듯한 애니메이션 넣기

손글씨에 특수 기능을 적용시켜 효과적으로 보이도록 할 수도 있습니다. 예를 들어 마치 손글씨를 실제로 쓰는 것처럼 보일 수 있습니다.

❶ 타임라인에서 손글씨를 선택한 다음 오른쪽 메뉴에서 연필 옆에 세줄 모양을 클릭한 후 [인애니메이션]을 클릭합니다.

❷ 애니메이션 목록 중에 [순서대로 나타내기]를 클릭합니다.

❸ 아래로 스크롤하면 속도를 나타내는 숫자가 나타납니다. 1 이하는 빠른 속도로 보여지고 1 이상은 느린 속도로 보여집니다. 원하는 속도를 지정합니다.

❹ [재생] 버튼을 누르면 내가 손으로 쓴 손글씨가 마치 실제로 써지는 듯한 영상미를 볼 수 있을 것입니다.

원리쏙쏙 IT 실전 워크북 시리즈

(대상 : 초 · 중급)

한글 2016(NEO)

비전IT 지음 | A4 | 216쪽
12,000원

포토샵CC 2020

유윤자 지음 | A4 | 296쪽
15,000원

**전문가의 스킬을 따라
배우는 포토샵&일러스트레
이터CC 기초+활용 실습**

유윤자 지음 | A4 | 488쪽
21,000원

포토샵 CS5(한글판)

유강수 지음 | A4 | 252쪽
12,000원

한글 2010

김지은 지음 | A4 | 208쪽
12,000원

파워포인트 2010

비전IT 지음 | A4 | 216쪽
12,000원

파워포인트 2013

비전IT 지음 | A4 | 256쪽
12,000원

엑셀+파워포인트 2010

김세민, 유강수 지음 | A4
376쪽 | 18,000원

포토샵 CS6 한글판

유윤자, 우석진 지음 | A4
252쪽 | 13,000원

엑셀 2013

김수진 지음 | A4 | 216쪽
12,000원

한글 2014

김미영 지음 | A4 | 216쪽
12,000원

일러스트레이터 CS6

김성실 지음 | A4 | 240쪽
13,000원

엑셀 2010

두드림 기획(이형범) 지음
A4 | 208쪽 | 12,000원

포토샵 CC

유윤자 지음 | A4 | 292쪽
15,000원

일러스트레이터 CC

유윤자 지음 | A4 | 320쪽
16,000원

Start Up 시리즈

Start Up 시리즈는 유튜브, 인스타그램, 블로그, 페이스북, 트위터 등 다양한 플랫폼을 통해 누구나 콘텐츠를 제작하여 유통할 수 있는 시대에 맞춰 고객의 니즈를 파악하여 제작한 교재입니다. 더불어 많은 수익창출로 새로운 1인 창업의 기회가 되고, 1인 크리에이터로 제대로 된 기획, 제작, 마케팅, 수익 창출을 위한 내용을 수록하였습니다.

스마트폰으로
유튜브 크리에이터 되기

저자 : 남시언
가격 : 18,000원
쪽수 : 324
판형 : B5

인스타그램으로
SNS 크리에이터 되기

저자 : 남시언
가격 : 15,000원
쪽수 : 228
판형 : B5

아보느의
홈페이지형 블로그 만들기

저자 : 윤호찬
가격 : 15,000원
쪽수 : 260
판형 : B5

집에서 10억 버는 카페24 쇼핑몰
제작하기(유튜브 동영상 강좌 제공)

저자 : 박길현
가격 : 23,000원
쪽수 : 432
판형 : B5

현직 줌(ZOOM) 강사가 알려주는
하루 만에 ZOOM으로 프로 강사되기

저자 : 김가현
가격 : 9,000원
쪽수 : 80
판형 : B5